# INGRESOS CON SHOPIFY

## Cómo Hacer Una Investigación Efectiva

**Helio Laguna**

Título: Ingresos Con Shopify: Cómo Hacer Una Investigación Efectiva

© 2017, Helio Laguna

© De los textos: Helio Laguna

Ilustración de portada: Francisco R. Trejo

Revisión de estilo: www.escritoyhecho.com

1ª edición

Todos los Derechos Reservados.

## ¡¡IMPORTANTE!!

No tienes los derechos de Reproducción o Reventa de este Producto.

Este libro tiene Todos los Derechos Reservados.

Antes de venderlo, publicarlo en parte o en su totalidad, modificarlo o distribuirlo de cualquier forma, te recomiendo que consultes al autor, es la manera más sencilla de evitarte sorpresas desagradables que a nadie gustan.

El autor no puede garantizarte que los resultados obtenidos por él mismo al aplicar las técnicas aquí descritas, vayan a ser los tuyos.

Básicamente por dos motivos:

Sólo tú sabes qué porcentaje de implicación aplicarás para implementar lo aprendido (a más implementación, más resultados).

Aunque apliques en la misma medida que él, tampoco es garantía de obtención de las mismas ganancias, ya que incluso podrías obtener más, dependiendo de tus habilidades para desarrollar nuevas técnicas a partir de las aquí descritas.

Aunque todas las precauciones se han tomado para verificar la exactitud de la información contenida en el presente documento, el autor y el editor no asumen ninguna responsabilidad por cualquier error u omisión.

No se asume responsabilidad por daños que puedan resultar del uso de la información que contiene.

Así pues, buen trabajo y mejores Éxitos.

# TABLA DE CONTENIDOS

**Introducción** .................................................................**11**
**Capítulo I. Sobre Qué Investigar**................................**15**
**Capítulo II. Cómo Investigar**.......................................**23**
**Capítulo III. Más Formas De Investigación**...............**31**
**Capítulo IV. Los 2 Tipos De Estrategia**......................**35**
**Capítulo V. Tips Potenciadores de Tu Éxito** ..............**39**
**Conclusión**....................................................................**47**
**Sobre El Autor** .............................................................**51**

"Cada vez que empiezo leer un libro lo primero que veo son los créditos, los reconocimientos de personas que no conozco, las historias del por qué o cómo de ese libro.

Y en numerosas ocasiones he dejado de leer porque pasan 100 páginas antes de que pueda entrar al tema por el cual compré el libro.

Aquí no va a ser así, aquí vamos ir directamente al grano."

**Helio Laguna**

# INTRODUCCIÓN

Hola, te saluda Helio Laguna y quiero agradecerte muchísimo la oportunidad que me has dado al estar leyendo este libro de ayudarte a hacer una adecuada investigación de tu mercado y mostrarte cómo vas a trabajar con Shopify y Facebook Ads para lograr resultados sencillamente espectaculares.

Hacer una correcta investigación es el 70% de tu éxito, porque si escoges un nicho o un producto que no tienen potencial, sencillamente vas a desperdiciar el dinero invertido en la publicidad en Facebook Ads.

Por eso quiero que, una vez terminado de leer este libro, te tomes dos días, tres días consecutivos o el tiempo que te haga falta, para abrir un Excel exclusivo, lo llames "lluvia de ideas para Shopify" y pongas en él todos los artículos interesantes, con sus respectivas imágenes, que vayas encontrando.

Créeme, cuantas más imágenes pongas en ese Excel, mayor va a ser tu potencial de crear campañas ganadoras.

En este libro te voy a compartir, paso a paso, cómo hago una investigación efectiva.

De hecho, te adelanto que existen tres maneras.

La primera manera es la manual.

Es decir, ingresar a Facebook, poner ciertas palabras en el buscador e ir encontrando poco a poco, posts e imágenes de otras personas que, al igual que tú, están promoviendo productos físicos, o sea, productos que ellos están vendiendo en tiendas, generalmente de Shopify.

En pocas palabras, te voy a contar cómo "espiar" a estas personas que tienen campañas ganadoras.

La segunda opción tiene que ver con herramientas espías, por llamarlo así.

Son herramientas de pago que no necesariamente tienes que comprar, pero te las voy a mostrar para que tengas presente que, si quisieras adquirirlas, ahí están.

Y la tercera manera de investigar que te voy a revelar es, a través de la plataforma de dónde vas a comprar tus productos, ya sea AliExpress, eBay, etc.

Ahí buscarás en la sección de Best Seller y comenzarás a ver cuáles son los productos más buscados, más comprados, en esas tiendas y también irás tomando imágenes para guardar en tu Excel "lluvia de ideas".

Es importante que hagas esto a conciencia, pues al final de la investigación tomarás los cinco o los seis productos que consideres mejores, para hacer publicidad en Facebook Ads.

Lo apropiado es que puedas hacer cinco o seis campañas de esos productos por semana y primero, ver si hay ventas en alguna o varias de ellas, y luego ver si hay consistencia.

O sea, una vez que una campaña ha mostrado cierto potencial porque ha convertido una, dos, tres o varias ventas, debes dejarla correr entre tres y cinco días más para ver si tiene consistencia y si es así, si ha mostrado consistencia, ya le podrías subir el presupuesto.

Es decir, prácticamente después de los ocho o diez primeros días, es cuando vas a tener claro si una campaña muestra consistencia o no y entonces ya le puedes subir el presupuesto, de 5 dólares a 10 dólares y comenzar con la etapa de optimización.

Pero no quiero liarte con conceptos que no vienen al caso ahora.

¿Quién sabe?

Lo mismo escribo otro libro exclusivamente para mostrarte cómo hacer las campañas con más detalle y cómo optimizarlas al máximo para sacarles todo el jugo.

Ahora toca que aprendas cómo y dónde debes investigar para encontrar productos rentables, auténticas minitas de oro.

Vamos allá...

# CAPÍTULO I.

# SOBRE QUÉ INVESTIGAR

Sobre las ideas de creatividad de cómo realizar una adecuada investigación, me parece primordial que hagas una lluvia de ideas para que puedas investigar en Facebook, en AliExpress, eBay, e ir buscando lo que necesitas.

## Once ideas para tu mercado

Comenzaremos con once puntos que te ayudarán a tener una buena lista de mercado en tu lluvia de ideas:

### Joyería y Bisutería

Son de los artículos que más se venden como e-Commerce, dentro de lo que es Facebook Ads.

En AliExpress podemos conseguir productos que cuestan un dólar o dos o hasta menos de un dólar. Estos tienen que ver con joyería, pulseras, collares, aretes, anillos, que pueden ser muy atractivos porque llaman la atención a simple vista y a un muy bajo costo.

Estos productos los vas a promover en tu tienda, en mercados como Estados Unidos y otros países. En mi caso estoy en Estados Unidos aún.

Como son productos de muy bajo valor, los puedes promocionar gratuitamente y únicamente le vas a cobrar a aquellas personas el "Shipping".

Es decir, esos productos a muy bajo costo que conseguiste en AliExpress, los promocionas como gratuitos y únicamente cobras el Shipping.

¿Un Shipping de cuánto?

En este caso, un producto del primer envío lo puedes cobrar en 10.97 dólares.

Si esa misma persona compra otro producto ya aumentaría el valor. Esto aplica para un tercer producto, un cuarto producto, etcétera. Pero no te preocupes por ello, porque más adelante te hablo de ello.

Entonces el primer método de investigación va a ser dentro de Facebook, ¿y con qué tipo de ideas?

Bueno, como te comentaba, la primera es joyería y bisutería, pero la segunda tiene que ver con...

## Mascotas

Hay muchas personas que viven apasionadas por los animales o toda su vida gira entorno a sus mascotas. Sean gatos, perros, o animales de andares diversos, como caballos, halcones, búhos, mariposas, libélulas, etc.

Como un segundo punto en nuestra investigación, incluyes tiendas con mascotas, donde los dueños de mascotas pueden comprar collares, o tener la imagen de su gato o perro en algún objeto.

Por otro lado, están los productos para las mascotas en sí, como ropa para mascotas, accesorios, juguetes etc.

## Astrología y los Signos Zodiacales

Esta investigación es muy interesante, ya que dentro de Facebook encuentras muchas opciones para llegar a las personas que quieras venderles.

Por ejemplo, en cuanto a signos del zodiaco, hay una opción muy interesante en Facebook donde puedes promocionar a las personas que cumplen años la semana siguiente.

¿Y eso de qué te sirve?

Por ejemplo, si te encuentras en la primera semana del mes de marzo, y etiquetas a la persona que cumple años la siguiente semana, puedes venderle a esa persona collares, pulseras o cualquier otro accesorio que tenga que ver su signo del zodiaco.

Incluso puedes confeccionar tus propias camisetas, abrigos, tazas, relacionados con su fiesta de cumpleaños y hacerles sentir especiales con sus signos del zodiaco.

## Deportes y Hobbies

Este mercado es enorme, ya que puedes hacer una lista de cientos de hobbies que sigue y hace la gente.

Por ejemplo, Fishing, Hunting, Futbol; es cuestión de ingresar en Google y buscar en inglés "Nichos rentables". En la primera página de resultados, encuentras una página bastante interesante que te da ideas de todo, de deportes, de hobbies, absolutamente todo.

Con esto puedes comenzar tu investigación, ya que hay mil y resto de ideas con las cuales puede llegar a tu nicho ideal.

## Productos de TradeMark

¿Qué es TradeMark?

Son productos con derechos de autor y es un nicho muy rentable.

¿Por qué?

Porque encontramos una infinidad de productos con estas características.

Por ejemplo, las sagas de Star Wars, Harry Potter, series como The Walking Dead, series animadas de anime como Naruto, Dragon Ball Z, etc.

Infinidad de ideas, productos, series de televisión, películas que tienen derechos de autor.

En el mercado anglosajón se está promoviendo todo esto y es un nicho muy, muy rentable.

Solo hay algo en lo que tienes que estar alerta, debes tener mucho cuidado, y esto lo quiero dejar muy claro, porque este nicho no se lleva muy bien con Shopify.

Además, podrías tener problemas con tu cuenta publicitaria de Facebook Ads porque al ser productos de TradeMark, no tienes autorización, a no ser que consigas la autorización o los derechos y no es tan sencillo.

Cualquier persona lo puede promover, pero tienes que ser consciente de que en cualquier momento tu cuenta de Shopify podría ser baneada, es decir, podría ser dada de baja y tendrías que comenzar de nuevo tu tienda.

Esto te lo dejo a tu criterio, ya que hay muchas personas promoviendo este producto, en el mercado anglosajón principalmente, pero debes tener cuidado.


**Profesiones**

Esta búsqueda la debes hacer en inglés para el mercado anglo, aunque si quieres promocionar en tu país, obviamente deberás investigar las profesiones en el idioma que se hable en tu país.

Pero ¿qué profesiones investigar?

Hay infinidad de profesiones: escritores, ingenieros, enfermeras, arquitectos, profesores, bomberos, etc.

¿Y qué puedes promover aquí?

Brazaletes, collares, diseños personalizados de camisetas, calzas y abrigos, por ejemplo...

También es un nicho bastante amplio.

## Enfermedades

Existen grupos y asociaciones que se identifican mucho con ciertas enfermedades.

Para mostrar solidaridad con dichas enfermedades puedes utilizar objetos asociados a ellas como: collares, brazaletes, camisetas e incluso tazas.

El hecho de que las personas se sentirán identificadas con ellas, lo convierte en un nicho muy grande y bastante rentable.

Algunas cosas que puedes tener presentes al investigar son enfermedades como cáncer, síndrome de Down, autismo o Asperger, entre otras...

Todo se trata de Googlear y buscar lo que mejor te parezca del nicho.

## Llaveros

En inglés se dice Keychains.

Pero ¿qué puedes promover con llaveros?

Infinidad de temas.

Cosas relacionadas con el signo del zodiaco de cada persona, ciertos deportes, hobbies, inclusive cosas de TradeMark, mascotas o logos.

Te recuerdo nuevamente tener cuidado con el TradeMark si vas a utilizarlo aquí.

## Juguetes y Juegos

Debes investigar las últimas tendencias en juguetes para entrar a competir ahí.

Y también puedes vender llaveros, tazas, camisetas y todo tipo de merchandising relativo a videojuegos famosos.

## Camisetas Personalizadas

Este punto lo dejé para último ya que me parece muy importante; te permite ser creativo y te hace diferenciarte de tu competencia.

Se trata de encontrar un mercado grande, poner en marcha tu creatividad, diseñar una frase original, hacer tu campaña y listo.

Si funciona, es cuestión de ir creciendo tu campaña añadiéndole más presupuesto dentro de Facebook Ads.

Este nicho da para mucho, se pueden diseñar camisetas, abrigos, tazas y se puede utilizar para mostrar algo innovador en algún evento.

Por ejemplo, sé que Guns and Roses, la agrupación de rock, vino a México en 2016 y fue un hecho histórico porque se habían dividido en el año 92 o 93 y el hecho de que se reúnan de nuevo y hagan una gira a nivel mundial es un hecho histórico.

Esta agrupación tiene muchos fans a nivel mundial y que vinieran a México fue una oportunidad interesante de poner la creatividad en funcionamiento.

Muchos hicieron una camiseta conmemorativa o algo con un diseño muy propio de Guns and Roses en México y se vendieron como pan caliente.

Es cuestión de pensar un poquito y sacarle todo el jugo.

# CAPÍTULO II.

## CÓMO INVESTIGAR

### Qué debes tener en cuenta

Comienza la investigación en Facebook buscando posts de las diferentes áreas de la lista que hiciste.

Por ejemplo, con el primero, que tiene que ver con joyería y bisutería vamos a comenzar en el mercado estadounidense.

Yo te recomiendo que hagas la investigación con palabras en inglés; si quieres buscar algo que tenga que ver con brazaletes, debes colocar *Bracelet* una palabra acompañada que diga *"you speed shipping".*

¿Por qué eso? Porque así vamos a encontrar aquellos post que tienen la palabra brazalete y también la palabra "you speed shipping".

Por lo tanto, te encontraras con la mayoría de las publicaciones que están anunciando algún brazalete gratuito y solamente están cobrando el *Shipping*.

Por ejemplo, una *Fanpage* de, probablemente, algún *Marketer* con un texto de máximo tres renglones, donde dice *"you speed shipping".*

Lo más probable es que te encuentres con el link hacía la tienda, si le das clic te conduce a la tienda con ese brazalete.

Ese es más o menos el diseño de tienda que vas a construir.

Un diseño bastante sencillo, donde tu cliente pueda llegar y no va a tener ninguna dificultad para ver la imagen, para agregarlo al carrito de compras, y diga que vas a cobrar cero dólares, y solo se incluye el *Shipping*.

¿Cuándo se le cobra el *Shipping*?

Bueno, ya cuando está dentro de la tienda, se le cobra el *Shipping* durante el proceso.

Debes tener en cuenta que algunos van a aceptar, algunos van a abandonar, pero es cuestión de ir manejando buenos intereses, y hacer una buena segmentación en *Facebook Ads* para aumentar ese porcentaje de conversión.

Tomemos como ejemplo una publicación del 26 de noviembre del año 2015, ya tiene un poco más de dos años, pero si me fijo bien tiene 1.400 Shares, 257 *Comments* o comentarios, 6.800 *likes*, que es muy importante.

Debes saber que los *Shares*, los *Comments* y los *likes* son muy importantes cuando estamos analizando una publicación.

Ver que ha tenido un buen alcance y que está siendo aceptado por la audiencia, es muy importante, porque aquellos anuncios que no tuvieron un impacto, que no cuentan con muchos *Shares*, comentarios y pocos likes, no sirven en nuestra investigación más que como un ejemplo de "no hacerlo".

Entonces en ese caso debes buscar publicaciones que tenga *Shares* por encima de los 1.000, más 200 comentarios y también de 1.000 *likes* para arriba.

La segunda condición es que analices los *Comments*, al darle clic en comentarios, te lleva a los últimos comentarios y puede que te encuentres con personas que comentaron hace unas 4 o diez horas.

¿Qué significa esto?

Que todavía el público está interactuando, que los datos demográficos y la segmentación de *Facebook Ads* se hicieron de forma correcta.

Si la gente participa, ya sea con comentarios, con *Shares*, es muy importante ya que muestra que el anuncio aún está activo todavía y es probablemente que esté monetizando muy bien.

Si hay 1.400 *Shares*, 257 *Comments* y 6.800 *likes*, esta persona está monetizando bastante bien. Y lo que vas a hacer es probar esto como una lluvia de ideas.

Yo lo que hago es tomar una imagen exactamente desde el nombre de la Fanpage, la imagen y hasta donde llegan también para visualizar la cantidad de Shares, Comments y likes.

Entonces, una vez que tengo la imagen, le doy copiar y me abro un Excel donde van a poner lluvia de ideas para *Shopify*.

Por ejemplo, puede ser una pestañita para cada investigación, en la primera pestaña puede ser la investigación para joyería, joyería en general, comenzando con brazaletes, entonces ahí lo copias y guardas en Excel.

Como puedes ver, esta persona está monetizando y llegando a un público amplio con solo una pulserita. De hecho, nada más para que tengas un dato, mis socios y yo con un solo producto, hemos escalado a 1.000 dólares en el mes de febrero 2016.

Ese anuncio estuvo activo durante mucho tiempo, y llegó a más o menos 2.000 Shares, una cantidad bastante significativa. Así que mientras más grande sea esa cantidad de *Shares, Comments* y *likes*, va a ser mejor para ustedes.

Por supuesto, hay que investigar los *Comments* que sigan activo, nada haces con ese anuncio si los últimos comentarios fueron hace un mes.

Ejemplo, si el ultimo comentario fue en enero y tienes fecha del 10 de febrero, lo más seguro es que el anuncio se mostró al público hasta enero.

También te dice que no se ha vuelto a anunciar más, puede que un anuncio tiene muchos *likes, shares o comments* pero tienen fecha de junio 2017 o agosto 2017 pero si las interacciones o comentarios llegaron hasta el mes de octubre o noviembre, ya ese producto no se está vendiendo y no es buscado por las personas en Facebook.

Algo que también debes considerar es que un tipo de producto puede funcionar únicamente por estaciones, es decir, que funcionó perfectamente en el mes de agosto, junio, julio pero dejó de vender en los meses siguientes.

Sin embargo, para el año siguiente puede volverse a activar ese mismo producto para la misma audiencia; entonces es muy importante tener eso en consideración y llevar un buen Excel donde tengamos todas estas imágenes y lluvia de ideas.

Entonces, este es el método que utilizarás, con cada publicación que encuentres, la guardas y analizas la fecha de la publicación y la cantidad de Shares, Comments y likes.

## Por qué los *Shares* son importantes

¿Por qué los *Shares* son importantes?

Bueno, esto de *E-Commerce* o *Shopify* involucra mucho la creatividad, ya que promueves una serie de productos a una audiencia que quieres que compren para sí mismos o que ellos los compartan con sus seres queridos. Esto los lleva a comprar a manera de regalo.

Por ejemplo, puedes encontrar un anillo muy atractivo, muy bonito que puedes venderlo tanto hombres como mujeres por medio de la segmentación.

Al analizar data te das cuenta curiosamente que los hombres están comprando más y es un anillo precisamente para mujeres, obviamente ellos no lo están comprando para ellos, pero sí como regalo para dárselo a su novia, esposa o mamá.

Entonces, muchas veces la cantidad de *Shares* significa que esas personas están compartiendo con sus familiares o principalmente con sus novias o esposas, para que vean el producto y también para ver sí están de acuerdo y comprar.

Por esta razón son tan importantes los *Shares*.

## Recapitulando

La tarea que tienes que hacer es la misma del ejemplo del brazalete.

Entonces, de la misma manera, en el área de joyería lo harás con collares, anillos, aretes, etcétera; pero cuidando que sean en el idioma que dominas.

Es muy importante que palabra por palabra, hagas una buena investigación de cada uno de los artículos de joyerías y bisutería que se te ocurran y esté en tu lista.

Una vez que tienes bien investigado el primer punto, pasas a otro. En este caso colocaré el ejemplo de las mascotas.

Colocas en el buscador "*Dragonflies*", que esos son libélulas, comienzas a bajar ya que puedes encontrar *Fanpages* y más publicaciones si lo haces.

Hay una página llamada "*Dragonflies Lovers*", es importante que te fijes en las fechas de creación de las páginas y publicaciones, como ya te mencioné antes.

Esta *Fanpage* tiene dos renglones, muy al grano, dice: "*Free for the next 100 dragonflies lovers*", es decir para las personas amantes de las libélulas, y solamente paga el Shipping y es tuyo "*only for free here*", o sea, el link que le conduce directamente al producto.

Como te comentaba, un diseño muy amigable para las personas que llegan tanto de la web como del móvil, ya que el mayor porcentaje de conversión se presenta en celulares, para que lo tengas presente.

En "*new feed*" de *deskopt* también convierte, pero convierte más en "new feed" de móvil, para que lo tengas ahí presente.

Pero es un diseño bastante simple, al grano, el botón de "*auto-car*", esa es una App para crear escases, únicamente quedan 12, o también 12 o 20 horas, o sea, está creando escases.

Y una pequeña descripción del producto por allí y una nota especificando, diciéndole a la persona que tenga paciencia porque el producto va a tardar de dos a cuatro semanas.

Es muy importante para bajar el porcentaje de quejas de tus clientes, decirles que tengan paciencia porque ya le dimos una explicación.

Le colocas esa descripción porque AliExpress es una tienda china, así que va a tardar bastante.

Y he visto muchos anunciantes que están promoviendo ese producto de libélulas, de *Dragonflies*.

Mi equipo ha notado que de tienda a tienda, inclusive de cuenta de Facebook a cuenta de Facebook, todo puede variar.

Tenemos actualmente dos tiendas, en la segunda tienda pusimos uno de nuestros productos ganadores con una nueva oferta publicitaria en Facebook Ads y no fue lo suficientemente buena y tuvimos que pausar.

Esto significa que yo les puedo dar varios productos ganadores y a algunos les puede servir y a otros no; esto tiene mucho que ver con la edad que tenga esa cuenta publicitaria, con cuan madura es la cuenta de la campaña, con la segmentación o definición de audiencia.

Es de suma importancias hacer una buena segmentación y escoger a las personas idóneas, la edad y eso por supuesto lo vas a ir viendo.

Y así sigues analizando, recuerda que la condición aquí es que tengan buena cantidad de *Shares*, de *Comments*, de *likes*, si los comentarios son recientes, quiere decir que la campaña está activa, ustedes siguen investigando de esa manera.

Por otro lado, es importante para colocar en el Excel de investigación, todos aquellos productos que ya tienen buen tiempo de haberse publicado y que tengan muchos *Shares*, muchos *likes* y muchos *Comments* y que sus últimos comentarios aún sean tan recientes como se pueda, que sean de hoy, de ayer, de la semana pasada como máximo.

Incluye algunas publicaciones que tengan tal vez 15 días, una semana o hasta un mes de haberse lanzado, pero que ya tienen una interacción considerable, digamos que tenga una semana de haberse puesto y que ya tenga 100 *Shares* y varios comentarios y también más de 100 *likes*, quiere decir que a pesar de que tiene una semana de haberse puesto esta publicación, esta persona está haciendo dinero con ese producto, porque está teniendo una buena interacción.

¿Por qué es importante esto?

Bueno, algunas veces Facebook se comporta de una manera un poco extraña, de cuenta en cuenta y depende del interés que segmentamos en nuestras cuentas.

Puede ser que tengamos éxito o no, en ciertos tipos de productos, puede ser que una persona haya pausado tu campaña porque sencillamente no le calentó, no le arrancó bien el producto.

Sin embargo, puede ser que llegues, cojas ese mismo producto, pongas una campaña, segmentes de una manera distinta y hagas de eso una campaña ganadora, eso es perfectamente factible.

Aquí lo importante es también descartar aquellas publicaciones que hoy están activas y están teniendo una gran interacción.

¿Por qué?

Porque son productos que están vendiendo en este preciso momento, entonces va a ser menos difícil para nosotros.

Si lanzas con una campaña con este mismo producto y no tienes éxito y no lo ves rentable, pierdes seguridad y te culpas a ti mismo, o dices que no segmentaste bien la audiencia a la hora de hacer la campaña.

Lo que debes ver es que es un producto ganador y que puede ser el ganador, así que lo que debes escoger bien lo que venderás.

# CAPÍTULO III.

## MÁS FORMAS DE INVESTIGACIÓN

Te voy a enseñar otras formas de investigar, o de *Spy*; aunque de cierta forma lo que te acabo de explicar es hacer *Spy* pero en Facebook.

Se trata de espiar a otro afiliados y viendo que enganche tuvieron estos en sus publicaciones, por medio de Facebook puedes archivar los post que otros *Marketers* están haciendo en tu *Fanpage* y que están promoviendo a través de Facebook Ads.

Esto te permite ver los productos que ofrecen, qué tantos comentarios, shares y *likes* han tenido y también si están activos o no. Facebook por sí solo es una fuente inagotable para espiar lo que otros están haciendo y para tomar muchas ideas.

Ahora lo que son herramientas pagas para realizar *Spy*, hay varias, pero hay varios productos que tienen una carta de ventas de un *Spy* en inglés, para aquellos que entienden el idioma.

Esto no es cien por ciento necesario, no es necesario que las adquieran; sin embargo, si dispones de efectivo y quisieras adicionarle a esa investigación manual en Facebook, una o varias de estas herramientas, pues, perfectamente lo puedes hacer.

Te coloco como ejemplo las *Tshirts Spy*, que también está en inglés porque casi todo viene de Estados Unidos; se llama Tshirts Spy, es un *Spy* exclusivo para Facebook en general. Está enfocado a las camisetas, abrigos

Esta es una herramienta que no cuesta mucho, de hecho, algunas tienen versiones gratuitas por varios días o algunos cuestan 40 y resto de dólares. Otros 60 o 90 dólares de un solo pago.

Pero recuerda que no es estrictamente necesario para ti, si quieres utilizar herramientas pagas puedes hacerlo sin ningún problema, porque lo que buscas es que personalicen esta búsqueda.

Sin embargo, la mejor investigación de esos programas, tiene un algoritmo que funciona de la misma forma que te enseñé previamente, que es la búsqueda en Facebook por medio de palabras, como *Hourse* o caballo, *"you speed shipping"* y ahí ya te muestra un montón de post relacionados con productos que se están vendiendo, etc.

Muchos de estos programas *Spy*, el algoritmo es hacer más o menos esto de manera más automatizada, pero la idea es la misma.

La tercera forma en la que puedes investigar, quizás la menos intuitiva y la menos eficaz para realizar investigación, es ir propiamente a las plataformas donde vamos a comprar los productos, a AliExpress, a eBay, a Amazon

¿Y qué es lo que vas a hacer?

Por ejemplo, si vas a AliExprees, puedes meterte en cada una de las categorías, como ropa de mujeres, o ropa de hombre; también hay sub categorías y así para cada una de las categorías principales que están aquí.

Puedes ir a la categoría de *Best-Seller*, le das clic allí y vas a ver una serie de productos que puedes comenzar a investigar.

Eventualmente puedes encontrarte con un producto interesante, como un guante y puedes tomar esa palabra e investigarla también en Facebook a ver qué aparece.

En lo personal me gusta más investigar propiamente en Facebook que otro modo, tomar ideas de nichos como el que te mostré y también a través de ese enlace que tiene más de mil ideas para nichos.

Luego te vas a Facebook, pones una palabra y ver qué aparece sobre "*you speed shipping*".

O sea, en AliExpress también se puede, pero es más complicado, porque aparecen productos de todo tipo; productos que tal vez no tengan potencial para promocionar con ese tipo de estrategias en Facebook.

Por lo tanto, va a ser menos eficaz investigar allí. Lo que sí es importante es que AliExpress te da una serie de nichos del que puedes tomar ideas para luego investigar en Facebook.

Por ejemplo, en ropa de mujer hay muchas categorías, ropa de hombres y puedes ingresar en cada una de ellas y ver qué productos interesantes hay y eventualmente realizar la investigación respectiva en Facebook para ver si ya hay alguna persona haciendo publicidad con ese producto.

Lo mismo puedes hacer con eBay, vas a la sección de Best-Seller y ver lo que más se está promoviendo actualmente.

Y con otro sitio que se llama Exit.com, es algo similar a eBay, la diferencia es que ahí se vende productos más artesanales que construyen o fabrican personas particulares.

Por lo tanto, es un buen sitio para tomar ideas, inclusive puedes buscar rango de precios; también en eBay y en AliExpress. Cada una de las categorías tiene sub categorías donde puedes entrar, investigar, productos algo originales, atractivos, que eventualmente puedas crearles publicidad a través de Facebook Ads.

# CAPÍTULO IV.

## LOS 2 TIPOS DE ESTRATEGIA

Hay que configurar Facebook en inglés, me gusta mucho así, sea nuestro perfil de Facebook, nuestra cuenta publicitaria de Facebook, es mucho mejor. Pero para investigar es muy recomendable que lo tengan configurado en inglés.

Ahora, para Facebook Ads, tu cuenta de administrador o el Manager de Facebook, lo puedes tener en español o inglés; siempre recomiendo en inglés, por similitud de términos, que todos estemos familiarizados en ese aspecto; pero sí, hacer una búsqueda preferiblemente en inglés.

Bueno, es cuestión de que vayas a configuración de tu cuenta y el idioma lo pongan en inglés para que el navegador de Facebook, el buscador, te funcione bien y no tengas problemas de que no encuentras productos.

Otra cosita que te quiero mencionar, es con camisetas; por ejemplo, las camisetas ya tiene que ver con productos "Retail", o sea, como las camisetas son más caras, donde ponemos nuestros propios diseños, vas a vender camisetas de 24 dólares o 25 dólares, ahí ya no lo puedes dar como gratuito y pague un Shipping de 10 dólares, o pague un Shipping de 25 dólares.

No, nadie nos va a creer que un Shipping cuesta eso o una camiseta va a ser tan cara. Entonces una camiseta sí se vende con precio real, es otra de las estrategias para ir creando tu tienda, productos gratuitos donde se le cobre el Shipping y también productos donde tienen un valor real y podemos dar gratuito el Shipping, en ese caso o le podemos cobrar un poco.

Por ejemplo, puedes tener dos tipos de productos, un producto que sea gratuito y nada más se le cobra el Shipping, lo que llamamos *"Free pro shipping"*, esa una opción que puedes tener en nuestra tienda.

Vas a aprender a combinar las dos estrategias, y te enseño ahora la opción A que es

## Artículo Gratis y Pago del Shipping

Tienes que promocionar gratuito y cobrar el Shipping, pero también más adelante puedes trabajar con esa opción que es "Retail", o sea, el producto es un producto tal vez un poco caro para darlo gratis con esta estrategia.

Si estás vendiendo una camiseta entonces la vendemos en 24 o 25 dólares y damos gratuito el Shipping, o cobras un Shipping muy bajo, muy básico, de 1, 2 o 3 dólares.

Entonces para ese tipo de tienda, aquí el anuncio que sería algo como *"free for the next 100 cat lovers"*, para los amantes de gatos, luego aquí "get it now" y pones aquí el link hacia tu tienda.

Esa es con la primera estrategia que vamos a empezar a trabajar "Free *Shipping*". Con esta estrategia que es "*Retail*", que tiene un precio real, aquí el anuncio sería "50% de descuento" y aquí Free *Shipping*, por supuesto. Y luego colocas el enlace hacia nuestra tienda.

Entonces, cuando esta persona llegue a la tienda va a tener un producto donde el precio de una camiseta o un producto de lo que sea en 24 dólares, pero lo configuramos para muestre como si costaba 48 dólares.

Entonces costaba 48, pero esos 48 van a estar cancelados, de manera que la persona vea *"Ah, sí, efectivamente, tiene un 50% de descuento, me gusta el descuento, lo voy a comprar".*

En otro caso, cuando llegas a la tienda, el Shipping va a estar en cero, pero previamente tenía que un brazalete costaba 14 dólares.

Este producto ya no puede costar 14 dólares, está cancelado, ahora cuesta cero. En esta parte de la investigación es muy importante, o sea, esto es el 70% del éxito.

Pero puedes decir: *"Bueno, es que son tantas ideas, ¿por dónde comienzo? No sé qué hacer ahora"*. No te preocupes, lo importante es que puedas tener un Excel con bastantes ideas de productos que vayas investigado y que en una semana puedas armar unas cinco campañas y la siguiente semana puedan escribir cinco campañas más y así sucesivamente hasta ir encontrando minas de oro, que son esas campañas que te van a ir funcionando.

Por ejemplo, en mi caso personal, nosotros escribimos aproximadamente seis campañas antes de dar con un producto que fue el que nos arrancó, que convirtió y a partir de ahí fuimos escalando.

Ya una vez que tienes un producto ganador, puedes continuar nuevamente con el proceso de investigación y escribiendo nuevas campañas para no solo tener un producto ganador, sino comenzar con otro producto ganador y así sucesivamente.

Es una estrategia de *Marketing*, por ejemplo, en tiendas como AliExpress puedes conseguir brazaletes, anillos, collares u otros productos que puedes conseguir en 1 dólar, 2 dólares, hasta en menos de 1 dólar.

En el mercado de Estados Unidos, esos productos, como son tan baratos los puedes vender a un precio mayor.

Aun así a pesar de que se está vendiendo con un buen margen de ganancia, los gringos lo encuentran barato, lo ven como una ganga, más si se aplica a manera de *Marketing*, que es gratuito y solo tienen que pagar el envío, en ese *Shipping* le colocas tu margen de ganancia

Si te costó 1 dólar, le colocas al *Shipping* 10 dólares y es precisamente ahí donde vamos a obtener nuestra ganancia.

## Artículo Barato y Shipping Barato

Otra opción es que vendas un producto que le pongas un valor real, lo que llamo "estrategia retail", es decir, productos que ya se vende con un valor de 1 dólar.

Por ejemplo, una camiseta y el *Shipping Free*, *Shipping* gratuito, o inclusive puede ser que se le cobre una tarifa, equis dólar y un Shipping muy bajo de apenas 1 o 2 dólares.

# CAPÍTULO V.

# TIPS POTENCIADORES DE TU ÉXITO

## ¿Debes hacer una página nueva por cada producto?

Sí, es muy importante.

Puedes tener cuantas tiendas de Shopify quieras, siempre y cuando estén ligadas a cuentas bancarias con tarjetas de crédito distintas, con nombres de personas y correos distintos.

Ahora, en la primera tienda te recomiendo que sea una tienda genérica, o sea, que no empieces con una tienda de productos de gatos o productos de perros, o productos de *Fishing*, de *Hunting*, etcétera, porque no sabes exactamente si ese va a ser el nicho que nos va a pegar.

Entonces, yo recomiendo que tu primera tienda sea una tienda genérica, donde puedas probar, iniciando con un producto de gatos o un producto de *Fishing*, o algún producto de algún diseño personalizado, algún brazalete, algún anillo, algún collar.

El punto es colocar varias campañas de diferentes productos para ver cuál es la que nos pega o cuáles no nos pega.

Una vez ya tengamos un nicho apasionado que queramos trabajar o que tengamos varios productos del mismo nicho, bien fuertes, puedes crear otra tienda.

La temática de esta tienda ya estaría enfocada a ese nicho, si es un nicho de joyería puedes vender anillos, aretes, collares, brazaletes, etc. Si es un nicho de mascotas como gatos, promover todo lo relacionado con gatos, tanto para el dueño, para que se ponga collares y brazaletes relacionados con diseños de gatos, pero también para la mascota en sí, ropa para gatos, lentes para gatos, etc.

Entonces, yo recomiendo nuevamente una tienda genérica donde es bueno tener un nombre de dominio genérico, puedes colocar una que se llame "Helio Laguna Fashion" o algo así.

Puede ser tu nombre, como por ejemplo "Sandra Store" o "Sergio Fashion" nombres genéricos donde van a vender productos de muchos tipos de nicho.

## ¿Es necesario utilizar páginas de aterrizaje usando Twitter Apps y similares?

Pues, con todo lo que es tráfico pago como Twitter App, tiene mucho potencial, igual que el Instagram, que pertenece a Facebook; se utiliza de la misma forma Pinterest, que es un sitio muy exclusivo para mujeres.

En mi caso no nos hemos especializado aún fuera de Facebook, aún no hemos hecho publicidad en ninguna de ellas, Twitter, Instagram, Pinterest, pero de que tiene potencial para todo esto, sí lo tiene.

¿Por qué no hemos querido iniciar campañas ahí? La verdad es que he querido perfeccionar toda esta parte de Facebook Ads, hacer crecer nuestras tiendas. Si estamos produciendo actualmente 1.000 dólares al día, queremos enfocarnos en llegar a fin de mes con 1.000 dólares al día.

Y el enfoque es lo que nos puede llevar a que, dentro de dos o tres meses, ganar 5.000 dólares al día; eso es más sencillo si uno se enfoca en una sola fuente de tráfico.

Si comienzas a lanzar un poco por aquí, otro poco por allá, va a serte más complicado. Igual, si llegas a dominar bien Facebook Ads y te va muy bien, puedes comenzar con nuevas campañas en otras fuentes de tráfico.

## Si dominas una fuente de tráfico sigue con esa

Con Facebook Ads cualquier persona se puede hacer millonario, mi equipo y yo tenemos contactos gringos que están vendiendo 10.000, 15.000, 20.000 dólares al día y mucho más, con una o varias tiendas, solamente Facebook Ads.

Aun así hay espacio para muchas otras personas, porque las ideas son infinitas. Inclusive, puedo ponerme a promover un arete y puede ser que no me resulte, va Helio, pone la misma campaña, el mismo arete, tal vez con otro interés en segmentación y puede que sea todo un "Boom", que sea la campaña ganadora.

Entonces Facebook da espacio para muchos y las ideas son interminables, siempre van a existir temporadas para diseños originales, en AliExpress, eBay hay una gran cantidad de productos originales, atractivos, que se pueden promocionar para muchos nichos.

Entonces con solo Facebook App ustedes se pueden, literalmente, hacer millonarios. Y no estoy exagerando, hay muchos *Marketers* gringos que producen inclusive un millón de dólares al día, un grupo de Marketers que tal vez han juntado un buen capital de inversión en E-Commerce y también en CTA, y están produciendo el millón de dólares al día.

Si ellos pueden hacer eso todos los días con Facebook, puede crear una buena campaña que se haga importante en el mercado, entonces hay espacio para muchos.

## ¿Es recomendable crear una aplicación móvil de la tienda?

En este momento yo no lo he pensado, puede ser un poco el desenfoque, porque puedes estar pensando en contratar a alguien que te haga una aplicación.

Pero tal vez a una persona que esté interesada en tu producto, no le interesa una App, nada más le interesó el producto, comprarlo y listo.

Es importante capturar el Email de tu cliente y exportar en sus Emails y hacerle seguimiento con Email Marketing; por eso el servicio al cliente es importante, porque si les quedas bien a tus clientes, con campañas de Email Marketing puedes volverlos a usar la misma segmentación una y otra vez con otro producto. Puedes seguir monetizando esa lista de clientes que ya tienes.

## Lo más importante es el enfoque

Te doy una recomendación aquí, mientras lees este libro se te ocurren mil y una cosas, cómo hacer esto más lujoso, más Fancy; pero algo que digo en todos mis entrenamientos es que vamos a seguir a la vaca.

Vamos a seguir al camino de menor resistencia, si vamos por el de mayor resistencia es meterle paso a esto que no nos están dando, mayor resistencia es meterle tecnología, ya estamos ahorita enfrascados con cosas de paga.

Dejemos eso para el futuro, ahora concéntrate en hacer exactamente las cosas básicas, a lograr ir lo más rápido posible, el camino más corto al dinero, al resultado.

Después haces páginas de aterrizaje, campañas de Email Marketing, aplicaciones móviles, después haces de todo esto algo gigantesco para generar 100.000 dólares al día, un millón de dólares al día.

En este momento se abre todo un nuevo mundo; yo también estoy emocionado, quiero aplicaciones, yo también quiero muchas cosas, pero vamos tú y yo en el camino de menor resistencia.

Evita hacer esto lujoso, sino efectivo. Recuerda que el enfoque es muy importante.

Uno como Internet *Marketer*, como emprendedor del Internet, todos los días tienes que lidiar con el objeto brillante, ya que siempre habrá una promoción por aquí de algo, otra promoción por allá, que llega otro *Marketer* y le ofrece una cosa, luego otro la otra, ClickBank por allá, Shopify por acá, o sea, todos los días va a haber algo nuevo.

Pero realmente si quieres tener éxito en algo necesitas estar muy enfocado, hasta que lo hagamos trabajar. Nadie está diciendo que esto sea fácil, porque esto no es con una varita mágica, gracias a Dios, en nuestro caso se nos dio bastante fácil.

En 15 días ya había logrado una campaña ganadora, que fue escalando y ya para el mes de marzo 2015, cerramos con 15.000 o más de dólares mensuales en ventas.

El punto es que puedas hacer más en el primer mes, pero es probable que sea menos, o quizás en el punto de equilibrio, o cerrar el primer mes en negativo, todo es posible.

El punto es no desistir, que te enfoques, que sigas trabajando, mi equipo y yo comenzamos esto de Shopify siendo novatos y si en un mes monetizamos, ¿por qué tu no?

Aquí la idea es que vayas trabajando de la mano conmigo, que vayas siguiendo los pasos y no te compliques demasiado, que cuanto más se complica uno va a ser peor.

Aquí el enfoque es una buena investigación de uno varios productos, que abra tu tienda lo más rápido posible, tampoco tiene que ser una mega tienda lujosísima, sino una tienda básica que se vea bien al cliente, bien puesta cada cosa en su lugar y luego saber utilizar Facebook Ads.

Aprender a cómo crear campañas, cómo darle seguimiento, cómo leer estadísticas, cuánto invertir por día, hasta cuánto invertir en una campaña si no está dando resultados.

Esa es la parte que vigilar, los pilares para tener éxito en este negocio, realmente muy sencillo, es cuestión de enfocarse, tener un buen enfoque y darle con todo.

Tengo una amiga en California que se interesó en Shopify, actualmente está en Amazon, ella tiene su propia tienda creada pero en Amazon. Y me contó su historia, que en los primeros meses ella no vendía nada y actualmente está vendiendo 30.000 - 35.000 dólares al mes, con un porcentaje de ganancia del 30 - 35 %.

Imagínate, si ella hubiera desistido en esos primeros tres meses, actualmente no estuviera generando ventas de 30.000 - 35.000. Hay que estar muy consciente de que involucra trabajo, entender los conceptos, tomar acción y darle con todo.

Puede que avances rápido como puede que te desesperes, hasta el punto de decir: "no me sirvió la primera campaña. No me sirvió ni la segunda, ni la tercera, ni la cuarta. Inclusive ni la quinta, ni la sexta".

Es cuestión de seguirle dando, hacer una investigación, tener ideas claras, poner la creatividad a funcionar y en Facebook hacer una segmentación extraordinaria para darle a todo esto, entonces hay que hacer funcionar esto en Shopify.

## ¿Debes crear una *Fanpage* por cada tipo de producto o una que maneje varios productos?

Ok, la estrategia que vas a manejar es que tu tienda tenga una *Fanpage*, obviamente de esa tienda, si la tienda se llama "Rafa Fashion", entonces que la *Fanpage* también se llame "Rafa Fashion".

Es importante que la tienda tenga una *Fanpage* personalizada para la tienda.

En cuanto a promover un producto digamos que en tu tienda tenga un producto de gato, de perro, caballo, brazaletes relacionados con esos tres nichos; para mercadear esos productos, debemos hacer una campaña poco agresiva.

Esto quiere decir que la persona que estamos segmentando en un anuncio de un brazalete de mascotas, sentirá que el brazalete se relaciona más a la afición por la mascota o el animal si la promoción viene de una *Fanpage* llamada "*I love hourse*", "*I love cat*", "*I love my dog*".

Lo verá como algo más de ocio y piense que solo se está compartiendo el contenido porque tiene a un animal en el brazalete.

En cambio, si se utiliza la Fanpage de la tienda, ya la gente lo va a sentir como una venta más directa, así que es muy importante que tengas la tienda, quizás no para todos los productos, pero si se puedan utilizar algunos productos para promocionar con Google, con Facebook Ads.

Otros lo vas a poner de relleno, para que la tienda esté llena de productos. Entonces, por cada uno de los productos que estás promocionando con Facebook Ads, es importante tener una tienda temática, un Fanpage temática para esos productos.

## ¿Qué mercado atacar, solo Estados Unidos o también Latinoamérica?

Bueno, en este caso yo preferiría que atacaras primero a Estados Unidos, ¿por qué?

Así es como lo estoy haciendo con mi equipo, comenzamos en Estados Unidos y actualmente seguimos en Estados Unidos.

Hay mucho mercado en otros países es cierto, tenemos al Reino Unido, Italia, Europa y Latinoamérica; países como

México, Colombia, Perú, Brasil. Estos son mercados gigantescos, pero no he probado las aguas por allí.

En mi caso personal no te puedo decir qué tal son, porque no he puesto campañas ahí. Pero tú puedes jugar un poco a ser creativos y decir: *"Bueno, yo quiero comenzar en Australia"*, o *"Quiero probar a ver qué tal México"*, quién quita que las primeras campañas te funcionen y sea todo un éxito, nunca se sabe.

# CONCLUSIÓN

Bueno, pues ya hemos llegado al final del libro.

No sé cómo lo ves, pero te puedo decir que la primera vez que vi esto, lo percibí como una auténtica mina de oro y me dieron ganas de entrar corriendo a la mina y sacar todo el oro con las manos.

Imagino que a ti te está pasando lo mismo en estos momentos, así que quiero darte el mismo consejo que recibí yo y que me resultó muy valioso.

Esto se trata de no desesperarse, ya que es una mina de oro que va a estar ahí y que cada vez va a ser más grande, así que te recomiendo que actúes con total tranquilidad, sin desesperarte.

Puede que quieras sacar 2.000 dólares al día en una semana y ojalá que lo logres, pero si no es así, no te desesperes y dejes esto, por favor, no. Va a estar ahí para siempre, así que ves avanzando tranquilamente y dando pasos firmes.

Obviamente no tan tranquilamente como para decir: *"Ahí está esa gran mina de oro, el siguiente mes inicio"* y ese siguiente mes nunca va a llegar.

Recuerda, avanza dando pasos firmes, tranquilos, conociéndolo y sin duda, vas a lograr el éxito teniendo la mentalidad adecuada.

Ahora ha llegado el momento de despedirnos y que pases a la acción, es momento de que empieces a captar productos que van a generarte muchos ingresos con campañas súper exitosas.

Ya luego será el momento de la creación de una tienda con Shopify, de saber todo lo que tiene que ver con publicidad en Facebook Ads y de ver cómo hacer las compras y los pedidos y cómo brindar el servicio al cliente, es decir, todo lo que involucra la parte logística de este negocio, la parte del Dropshipping.

Te revelo un secreto, estoy planteándome muy en serio escribir un libro específico para explicar con todo lujo de detalles cada una de estas fases posteriores.

Pero eso vendrá después.

Ahora es momento de que comiences tu investigación efectiva y que vayas copiando de cierta manera lo que otras personas o súper afiliados están haciendo.

Ya sabes que cuando venden un producto y tienen muchos comentarios, muchos Shares y muchos likes, es porque ese producto se está vendiendo y si lo replicas, hay grandes probabilidades de que a ti te pueda ir muy bien también, no hay garantía 100%, pero las probabilidades ahí están.

El asunto es que eso sería un poco como copiar, pero tú te puedes y te debes diferenciar gracias a tu creatividad, tanto para promocionar tus productos como para identificar nichos rentables.

Te aseguro que hay nichos a montones, cientos de nichos y mercados vírgenes que te están esperando.

Así que, adelante, es momento de que empieces a soñar con ideas de productos, consultarle a tu señora, a tu marido, a tus hijos, si tienes hijos adolescentes pregúntales qué está de moda, también debes poner mucho ojo a las noticias, qué es tendencia en la televisión, películas, series de televisión...

En definitiva, ahora tienes el poder de monetizar con una tienda de Shopify todo lo que sea popular y todo empieza por invertir tiempo para descubrir aquellos productos que te hagan empezar a generar ingresos.

Muchas gracias por haberme compartido este trocito de tu tiempo y ya sabes, a darle pico y pala para encontrar tu producto estrella, ese que te dé 500, 2.000, 30.000 dólares por día.

Recuerda tener paciencia y no abandonar, porque el que abandona es el que pierde.

Muchos Éxitos.

Tu Amigo,

*Helio Laguna*

# SOBRE EL AUTOR

**Helio Laguna**

Especialista en múltiples fuentes de ingresos, tanto tradicionales (finca raíz y bolsa de valores) como de Internet (ingresos con Facebook, YouTube, Instagram, Email marketing y Whatsapp).

Fundador del Movimiento AMI, el Movimiento más grande de resultados de habla hispana, por donde han desfilado más de 7,000 alumnos de 7 países tales como Colombia, Estados Unidos, España, México, Ecuador, Perú y Argentina.

Este movimiento, tan solo en 2017, ha impactado la vida de casi 20.000 personas (cara a cara de forma presencial) en 18 ciudades de 8 países de 2 continentes.

Es el escritor con más títulos en Hispanoamérica, ha escrito hasta la fecha 85 libros, todos ellos Best Seller en Amazon.

En dicha plataforma es el escritor con más títulos en todo el mundo en la categoría de negocios en Internet y su calendario de publicación es de, al menos, un libro por semana.

Ha sido invitado por Amazon a la feria Internacional del libro en Guadalajara (FIL) en 2015 y 2016.

Es considerado el vendedor por Internet (marketero) número 1 de habla hispana, gracias a que es la persona que más vende de sus propios productos o de productos de otro (Afiliado número 1 de habla hispana).

Especialista en email marketing (envío de correos a base de suscriptores), lleva 4 años y medio enviando ininterrumpidamente correos diarios a sus suscriptores, tiene más de 15 libros sobre el tema y más de 12 programas de coaching, entrenamientos o softwares de email marketing.

También es el mayor vendedor a altos precios del mercado hispano, vende todos los días programas de coaching y entrenamientos de altos precios.

Coach y conferencista en 7 países (Colombia, Estados Unidos, España, México, Ecuador, Perú y Argentina), cada mes visita uno de estos países donde realiza entre 2 a 3 conferencias por mes.

Coprotagonista de los Documentales "Los Originadores" y "El Mensajero".

Tiene su propio documental titulado "SOY TU" y una biografía autorizada titulada "Un Súper Héroe Sin Poderes".

Adicionalmente a su carrera como coach, conferencista exitoso y empresario de Internet, dirige una inmobiliaria en su país, México, e invierte profesionalmente en la bolsa de valores de Nueva York.

www.ingramcontent.com/pod-product-compliance
Lightning Source LLC
Chambersburg PA
CBHW031551210526
45464CB00003B/1255